La psicología de las objeciones

Derechos de autor

Los derechos de todos los textos contenidos en este libro electrónico están reservados a su autor, y están registrados y protegidos por las leyes de derechos de autor. Esta es una edición electrónica (ebook), que no puede ser vendida o comercializada bajo ninguna circunstancia, ni utilizada para fines que impliquen interés monetario.

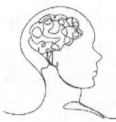

"Las objeciones son preguntas sin respuesta. Averiguar cuáles son esas dudas es lo que te garantiza la certeza de la venta".

"Venderle a la gente que realmente quiere escucharte es más efectivo que interrumpir a los que no quieren".

"Si le gustas a la gente, te escucharán, pero si confían en ti, harán negocios contigo".

Hay una batalla constante entre el deseo de cerrar tratos y la inevitable presencia de objeciones. Aparecen como sombras misteriosas, capaces de desviar incluso al cliente más prometedor del camino de la compra. Pero, ¿qué hay realmente detrás de estas objeciones? ¿Qué motiva a la gente a resistir, a dudar, a decir "no"?

Imagine desbloquear los secretos ocultos de la mente humana, desentrañando las intrincadas redes de pensamientos, emociones y motivaciones que influyen en cada objeción. Ahora tienes la oportunidad de sumergirte profundamente en este fascinante viaje a la psicología detrás de las objeciones.

A medida que ingrese a este reino desconocido, se enfrentará a una gran cantidad de preguntas intrigantes. ¿Por qué algunas personas se resisten a una oferta irresistible? ¿Qué hace que otros abandonen una compra en el último minuto? ¿Cuáles son los factores que transforman las objeciones en barreras infranqueables?

Prepárese para desentrañar los misterios detrás de las respuestas negativas. A lo largo de esta exploración, descubrirá técnicas persuasivas, estrategias inteligentes e ideas reveladoras que desactivarán las objeciones y abrirán la puerta al éxito en las ventas. Aprenderás a identificar los signos sutiles, descifrar el trasfondo de las objeciones y desentrañar las verdaderas razones detrás del "no".

Prepárate para un emocionante viaje lleno de giros y revelaciones. Con cada página que pase, descubrirá nuevas facetas de la mente humana y comprenderá los matices que dan forma al comportamiento del consumidor. Abre tu mente a las sutilezas del lenguaje, las expresiones faciales y el lenguaje corporal, descubriendo las pistas que revelan las objeciones ocultas.

Introducción: El Origen de las Objeciones

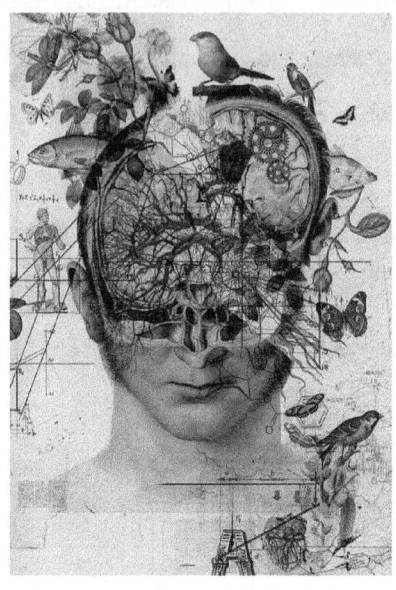

Las objeciones han sido una parte integral de las interacciones humanas desde tiempos inmemoriales. A lo largo de la historia, siempre que ha habido negociaciones, ventas o simplemente intercambios de bienes y servicios, las objeciones han estado presentes. Emergen como una manifestación natural del pensamiento crítico y la necesidad de evaluar cuidadosamente la información antes de tomar decisiones importantes.

Desde los albores de la civilización, las personas han buscado asegurarse de que sus necesidades se satisfagan satisfactoriamente.

Ya sea durante la negociación de una transacción comercial, la compra de un producto o la contratación de un servicio, es común que surjan preguntas, dudas e inquietudes.

Las objeciones pueden provenir de una variedad de fuentes. Pueden ser el resultado de experiencias negativas anteriores, desconfianza en el vendedor o empresa, falta de claridad sobre los beneficios del producto o servicio, restricciones financieras, entre otros factores.

Cada individuo trae consigo su propio equipaje, creencias y perspectivas que dan forma a sus objeciones.

La importancia de comprender el origen de las objeciones radica en la capacidad de superarlas de manera efectiva.

Al comprender las razones subyacentes de las preocupaciones de los clientes, es posible adaptar los enfoques, proporcionar información relevante y ofrecer soluciones personalizadas que satisfagan sus necesidades y expectativas.

La evolución de la sociedad y las prácticas comerciales ha sacado a la luz nuevos desafíos y complejidades en las objeciones. Con el avance de la tecnología, el acceso a la información se ha vuelto más amplio y rápido, y los clientes están cada vez más informados y son más exigentes. Esto significa que los vendedores y los profesionales de ventas deben estar preparados para enfrentar objeciones más sofisticadas y abordar las inquietudes de manera estratégica.

Afortunadamente, a lo largo de los años, el estudio de las objeciones ha evolucionado y se han desarrollado técnicas y estrategias para tratarlas con eficacia.

Comprender la psicología humana, mejorar las habilidades de comunicación y ser capaz de adaptarse a diferentes situaciones de ventas son algunas de las herramientas esenciales que utilizan los profesionales para superar las objeciones y cerrar negocios exitosos.

En este libro, profundizará en el viaje de comprender las objeciones en su esencia, explorando sus orígenes, clasificaciones y estrategias para manejarlas.

Al comprender la historia y la naturaleza de las objeciones, estaremos mejor preparados para abordarlas y convertirlas en oportunidades de venta.

¡Vamos a lo que importa!

El No de las Objeciones: Descubriendo la Solución Desconocida"

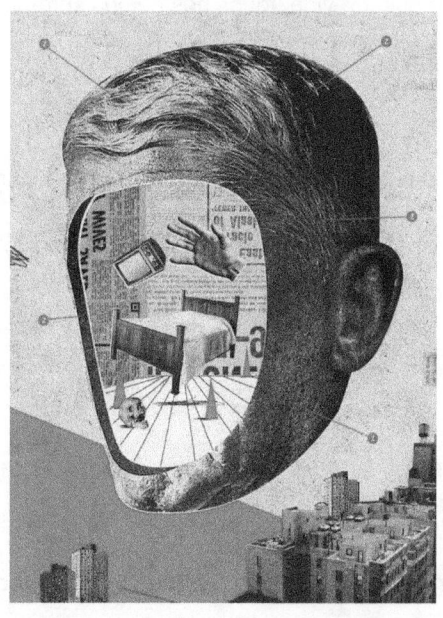

A lo largo de nuestra vida, todos nos hemos enfrentado al poderoso "no".

Ese pequeño término de dos letras puede parecer una barrera infranqueable, pero en realidad es solo un reflejo de no saber la solución detrás de él.

Cuando un cliente expresa una objeción, diciendo "no", es importante entender que no es una respuesta natural de aquellos que aún no conocen la solución. Es como si estuvieran mirando una puerta cerrada sin saber que al otro lado hay un mundo de posibilidades.

Esta reacción es el resultado de la falta de información, el miedo a lo desconocido y el miedo a tomar una decisión equivocada. Como seres humanos, tendemos a ser cautelosos cuando nos enfrentamos a algo nuevo, especialmente cuando se trata de nuestros recursos económicos, tiempo o confianza.

Lo cierto es que el "no" de las objeciones es una oportunidad disfrazada. Cada objeción representa una oportunidad para educar, informar y convencer al cliente sobre la solución que ofrecemos. Es como si estuviéramos abriendo una puerta cerrada, revelando un mundo de beneficios y posibilidades que el cliente desconocía.

Al abordar las objeciones de esta manera, asumimos un papel de facilitador, guiando a los clientes hacia la solución que ni siquiera sabían que necesitaban. Es nuestra responsabilidad mostrarles los beneficios, la eficacia y el valor agregado que nuestra solución puede brindarles. Necesitamos iluminar el camino, disipar dudas y disipar miedos, revelando la solución que está más allá del "no".

Cada "no" es una oportunidad para demostrar que hay alternativas, que hay un mundo de soluciones disponibles. Es una oportunidad para presentar evidencias, testimonios y casos de éxito que prueban la efectividad de nuestra oferta. Es una invitación a establecer una conexión más profunda con el cliente, escuchar sus inquietudes y responder de manera convincente, demostrando cómo nuestra solución puede resolver sus problemas y satisfacer sus necesidades.

Por eso, ante el "no" de las objeciones, recordemos que no es el final, sino el comienzo de un camino. Es la oportunidad de educar, informar y abrir puertas que antes estaban cerradas. Con paciencia, empatía y habilidades persuasivas, podemos convertir esos "no" en "sí" guiando a nuestros clientes hacia una solución que nunca supieron que necesitaban.

Así que aceptemos las objeciones de "no" como invitaciones para presentar la solución desconocida, guiando a los clientes hacia un futuro mejor. Juntos, superaremos las objeciones, eliminaremos las dudas y ayudaremos a las personas a descubrir las soluciones que han estado esperando.

Pedir es el comienzo de recibir

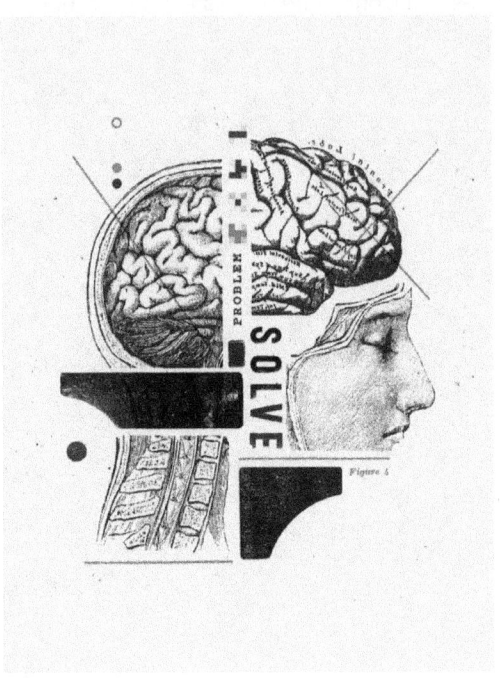

Hay un poderoso secreto que separa a los vendedores exitosos del resto: la capacidad de hacer las preguntas correctas.

Preguntar es el comienzo de recibir, especialmente cuando se trata de comprender las objeciones de los clientes y convertirlas en ventas.

Imagínese en una situación de ventas, en la que presenta con entusiasmo un producto o servicio, pero el cliente parece dudar.

En lugar de asumir que sabe exactamente lo que está pensando, es hora de abrir un diálogo, hacer preguntas estratégicas y descubrir las objeciones ocultas que están frenando la venta.

Al hacer preguntas, demuestra un interés genuino en el cliente y sus necesidades. Está dispuesto a escuchar, comprender sus inquietudes y encontrar soluciones personalizadas. Esto crea una poderosa conexión basada en la confianza y el compromiso de ayudar.

Las preguntas tienen el poder de revelar las verdaderas objeciones del cliente. A menudo, el "no" inicial no es el final de la historia.

Detrás puede haber dudas, miedos o falta de información. Al hacer preguntas perspicaces, profundiza en la mente del cliente, comprende sus inquietudes y brinda las respuestas y aclaraciones necesarias.

Al comprender las objeciones, puede convertirlas en oportunidades. Las preguntas bien formuladas ayudan a resaltar los beneficios y ventajas de su producto o servicio, mostrando al cliente cómo puede superar sus desafíos y alcanzar sus objetivos. Este enfoque estratégico es clave para crear valor y convencer al cliente de que tu oferta es la solución perfecta para sus necesidades.

Las preguntas no son solo una herramienta de venta, sino también una herramienta de aprendizaje continuo. Cada interacción con el cliente es una oportunidad para obtener información valiosa sobre el mercado, los competidores y las necesidades en constante evolución. Al hacer preguntas inteligentes, recopila información valiosa que puede utilizar para mejorar sus estrategias y lograr un rendimiento aún mejor.

Nunca subestimes el poder de hacer preguntas. Sea curioso, esté abierto al diálogo y haga las preguntas que desentrañarán las objeciones y conducirán a una venta exitosa. Sea un oyente atento, comprenda las preocupaciones del cliente y muestre cómo su oferta realmente puede marcar la diferencia en su vida o negocio.

Recuerda que pedir es el comienzo de recibir. Haz preguntas estratégicas, profundiza en las objeciones y conviértelas en oportunidades.

Descifrando lo no racional y el no emocional

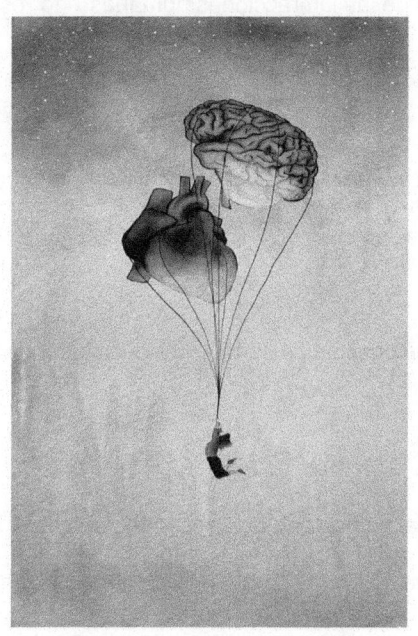

En el mundo de las interacciones humanas, "no" es una palabra presente en la vida de todos.

Cuando se trata de ventas, es esencial comprender los matices detrás de ese "no".

Hay dos tipos principales de "no": el no racional y el no emocional.

Lo no racional se basa en la lógica y la razón. Puede ocurrir cuando el cliente no encuentra justificaciones objetivas para adquirir un producto o servicio. Tal vez no vea el valor agregado o crea que no satisfará sus necesidades específicas. En estos casos, es fundamental presentar argumentos convincentes e información clara que demuestre los beneficios y ventajas de lo que ofreces.

Lo no emocional, por otro lado, está impulsado por factores más subjetivos. Las emociones, las experiencias pasadas e incluso la intuición pueden jugar un papel en esta decisión. Es posible que el cliente no sienta una conexión emocional con la oferta, no confíe plenamente en la marca o simplemente se sienta incómodo.

En estos casos, es fundamental construir relaciones sólidas, generar empatía y generar confianza. Demuestre que comprende sus preocupaciones y que está realmente comprometido a ayudarlos a tomar la mejor decisión.

Comprender la diferencia entre lo no racional y lo no emocional es crucial para desarrollar un enfoque de ventas efectivo. Es necesario abordar las objeciones de manera holística, combinando argumentos racionales con una sólida conexión emocional.

Recuerda que cada cliente es único y sus motivaciones pueden variar. Lo que podría ser un no racional para un cliente podría ser un no emocional para otro. Es fundamental adaptar su enfoque a las necesidades y preferencias individuales de cada cliente.

Motivaciones ocultas del consumidor

Aunque los consumidores pueden expresar explícitamente sus necesidades y deseos, a menudo hay motivaciones subyacentes que influyen inconscientemente en sus elecciones.

Comprender estas motivaciones ocultas es un campo de estudio fascinante y muy relevante para los especialistas en marketing. A través de la investigación y las técnicas científicas, es posible desbloquear los secretos de la mente del consumidor y utilizar este conocimiento para desarrollar estrategias de marketing más efectivas.

Uno de los enfoques utilizados en esta exploración es la psicología del consumidor. A través de investigaciones y experimentos, los psicólogos examinan los procesos mentales y emocionales que ocurren durante el proceso de compra. Investigan factores como la percepción, el aprendizaje, la memoria, las emociones y la personalidad para identificar las motivaciones ocultas que impulsan el comportamiento del consumidor.

Otra área de estudio relevante es la neurociencia del consumidor. Usando técnicas avanzadas como la resonancia magnética funcional (fMRI), los neurocientíficos investigan la actividad cerebral durante las decisiones de compra. Esto permite identificar qué áreas del cerebro se activan y cómo se relacionan con las preferencias y motivaciones del consumidor.

Una motivación oculta común es la búsqueda de estatus y pertenencia. Los consumidores pueden verse motivados a comprar determinados productos o marcas para expresar su estatus social o para sentirse parte de un grupo exclusivo. Esta motivación puede estar enraizada en los deseos de reconocimiento, aceptación social y autoestima.

Además, las emociones juegan un papel importante en las motivaciones ocultas del consumidor. Las decisiones de compra a menudo están influenciadas por sentimientos como el placer, el miedo, la seguridad, la confianza y la nostalgia. Comprender las emociones involucradas en las elecciones de los consumidores permite a las empresas conectarse de una manera más profunda y auténtica, creando experiencias de consumo memorables.

Otro aspecto importante es la influencia del entorno y las experiencias pasadas. El contexto en el que se encuentra el consumidor y las experiencias que tuvo previamente pueden moldear sus motivaciones y preferencias. Por ejemplo, un recuerdo positivo asociado con una marca o producto específico puede crear una motivación oculta para repetir esa experiencia.

Es importante recalcar que las motivaciones ocultas del consumidor no son estáticas. Evolucionan con el tiempo, influenciados por factores sociales, culturales, económicos y tecnológicos. Por lo tanto, es esencial que los especialistas en marketing sean conscientes de los cambios y se adapten continuamente para satisfacer las necesidades y motivaciones cambiantes de los consumidores.

En resumen, el estudio de las motivaciones ocultas del consumidor es una disciplina científica que requiere un abordaje multidisciplinario, involucrando a la psicología, neurociencia, sociología y otras áreas. Al descifrar estas motivaciones, las empresas pueden crear estrategias de marketing más efectivas, ofreciendo productos y experiencias que realmente resuenen con el consumidor. Conocer estos motivos ocultos es una ventaja competitiva, que permite a las empresas destacarse en el mercado y cultivar relaciones duraderas con sus clientes.

Aquí hay 20 ejemplos prácticos de cómo las motivaciones ocultas de los consumidores pueden influir en las decisiones de compra:

Una persona compra un automóvil de lujo no solo por su funcionalidad, sino para expresar su estatus y prestigio social.

Un cliente opta por una determinada marca de ropa de diseño para sentirse parte de un grupo exclusivo y diferenciado.

Una madre elige un producto específico para niños porque el empaque y la publicidad evocan sentimientos de seguridad y cuidado.

Un consumidor compra un producto de limpieza basado en recuerdos afectivos de su infancia, asociándolo con una sensación de comodidad y familiaridad.

Un individuo elige una marca de café porque cree que representa un estilo de vida sofisticado y refinado.

Un cliente prefiere un restaurante con un ambiente cálido y acogedor, ya que busca el confort emocional durante la comida.

Una persona compra un perfume específico porque asocia su fragancia con recuerdos positivos y emocionalmente significativos.

Un consumidor elige un producto tecnológico porque cree que le ayudará a sentirse conectado y al día con las últimas tendencias.

Un cliente opta por un gimnasio de lujo porque quiere formar parte de un grupo que valora la salud, el bienestar y un estilo de vida activo.

Una persona decide comprar un producto sostenible porque quiere contribuir a la conservación del medio ambiente y sentirse bien consigo misma.

Un consumidor elige un restaurante en particular debido a las críticas positivas y las recomendaciones de amigos, en busca de una experiencia gastronómica confiable.

Una madre compra juguetes educativos para sus hijos porque valora su desarrollo intelectual y quiere brindarles una ventaja educativa.

Un cliente compra un producto de belleza de una marca específica porque cree que respeta su tipo de piel y satisface sus necesidades específicas.

Un individuo elige un hotel en base a las reseñas en línea y las experiencias compartidas por otros huéspedes, buscando comodidad y calidad en el servicio.

Un consumidor elige una marca de alimentos orgánicos porque cree que ofrece una alternativa saludable y libre de químicos.

Una persona compra un teléfono celular de última generación para sentirse actualizado y conectado a un mundo digital en constante evolución.

Un cliente elige un gimnasio con programas específicos, como clases de baile, porque busca diversión y autoexpresión mientras hace ejercicio.

Un consumidor compra un producto de lujo, como un bolso de diseñador, como recompensa por su arduo trabajo y éxito.

Una persona decide comprar un colchón de alta calidad para mejorar la calidad del sueño y el bienestar general.

Un cliente elige un servicio de transmisión de música en función de sus preferencias musicales y busca una experiencia personalizada y una banda sonora que coincida con su estilo de vida.

¡¿Tengo la idea?!

Comportamiento social

en decisiones de compra

Los seres humanos son seres sociales por naturaleza y están inmersos en una compleja red de interacciones sociales que dan forma a sus elecciones y preferencias.

Comprender la influencia del comportamiento social en las objeciones es fundamental para los profesionales de ventas que desean convertir clientes potenciales en clientes satisfechos.

Una de las formas en que el comportamiento social afecta las objeciones es a través del efecto de prueba social.

Las personas tienden a confiar en las opiniones y acciones de otros individuos al tomar decisiones. Si un cliente potencial percibe que muchas personas están satisfechas con un producto o servicio, es más probable que se sienta más cómodo tomando la decisión de compra. Por otro lado, si hay objeciones y críticas negativas hacia un producto, puede crear una barrera para la conversión.

Además, la influencia social puede surgir a través de la presión de los compañeros.

Cuando las personas están en un grupo social, tienden a ajustarse al comportamiento y las opiniones de ese grupo, buscando aprobación y evitando la confrontación.

Esto puede afectar las objeciones, ya que un cliente puede sentirse obligado a adherirse a la opinión dominante del grupo, incluso si sus objeciones personales son diferentes.

Por lo tanto, es esencial comprender la dinámica social involucrada y adaptar el enfoque de ventas para hacer frente a estas influencias.

Otra forma de influencia social está relacionada con la autoridad y el poder de influencia de ciertos individuos o grupos. Si una persona destacada o una figura de autoridad respalda un producto o servicio, puede reducir las objeciones y aumentar la confianza del cliente.

Los testimonios de expertos, celebridades o personas influyentes pueden desempeñar un papel importante para influir en la decisión de compra.

Asimismo, la influencia de amigos, familiares o compañeros de trabajo también puede ser significativa, ya que estas personas tienen un vínculo afectivo y un alto grado de confianza.

La transparencia y la honestidad son claves para establecer relaciones duraderas y generar confianza en los clientes. Al equilibrar la influencia social con un enfoque auténtico, los profesionales de ventas pueden crear un entorno propicio para superar las objeciones y convertir a los clientes en defensores leales de sus productos y servicios.

Objeciones universales y cómo sortearlas

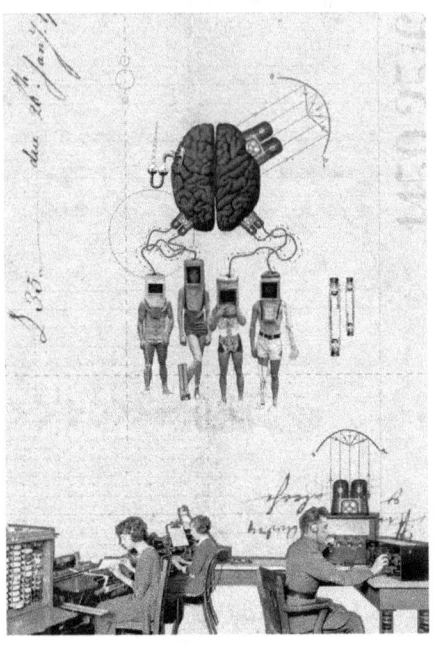

¡Ciertamente! Aquí hay más de 20 objeciones universales que se encuentran a menudo en las ventas, junto con algunas sugerencias sobre cómo sortearlas:

"No tengo suficiente dinero": Resalte el valor y los beneficios del producto, muestre opciones de financiación o planes de pago flexibles.

"No tengo tiempo": Demostrar cómo el producto ahorrará tiempo a largo plazo y ofrecerá soluciones que encajen en la rutina del cliente.

"No necesito esto": identifica una necesidad latente de la que el cliente puede no ser consciente y muestra cómo el producto puede satisfacer esa necesidad.

"Ya tengo un producto similar": Resalte las ventajas y beneficios únicos de su producto en comparación con lo que el cliente ya tiene.

"No confío en la marca": proporcione testimonios y reseñas de clientes satisfechos, comparta casos de éxito y ofrezca garantías sólidas.

"No me interesa": Descubra las razones subyacentes de la falta de interés y ofrezca información adicional relevante o muestre cómo el producto puede resolver un problema específico.

"La competencia ofrece mejor precio": Destaca los diferenciadores en calidad, servicio al cliente y soporte post venta que justifiquen el precio de tu producto.

"Necesito pensarlo": haga preguntas para comprender las preocupaciones específicas del cliente y brinde información adicional para ayudar con la toma de decisiones.

"No entiendo cómo funciona esto": explique de forma clara y sencilla cómo funciona el producto, ofrezca demostraciones o muestre casos prácticos de uso.

"No me gusta la presión de ventas": establezca un enfoque consultivo, sea paciente y respete el tiempo del cliente, brindándole información relevante para ayudarlo a tomar una decisión informada.

"No sé si esto me funcionará": Muestra ejemplos de clientes similares que han tenido éxito con el producto y ofrece garantías o periodos de prueba para mitigar el riesgo.

"No tengo la autoridad para tomar esta decisión": ayude al cliente a involucrar a las partes interesadas relevantes, proporcione materiales informativos para la presentación y muestre cómo el producto satisface las necesidades de la empresa.

"No quiero lidiar con problemas de soporte": Resalte el excepcional soporte al cliente que brinda su empresa y cómo se preocupa por la satisfacción del cliente.

"Estoy satisfecho con mi proveedor actual": identifique las áreas en las que supera a su proveedor actual en términos de calidad, eficiencia, precio o soporte y destaque estos diferenciadores.

"No me siento cómodo con la tecnología": brinde capacitación y soporte de expertos para ayudar al cliente a sentirse más seguro al usar el producto.

"No veo la necesidad inmediata": Demuestre los riesgos de no actuar ahora y cómo el producto puede tener beneficios tanto a corto como a largo plazo.

"He tenido una mala experiencia en el pasado": reconoce la preocupación del cliente y muestra cómo tu empresa es diferente, destacando casos de éxito y políticas de satisfacción del cliente.

"No sé si puedo confiar en ti": establece una conexión personal, comparte información relevante sobre tu empresa y tu experiencia en la industria.

"No estoy seguro de que esto resuelva mi problema": haga preguntas para comprender el problema del cliente en profundidad y ofrezca una solución personalizada que aborde sus inquietudes específicas.

"No me gusta el cambio": muestre los beneficios del cambio y cómo su empresa apoyará al cliente durante la transición brindándole la capacitación y el apoyo adecuados.

No quiero lidiar con la curva de aprendizaje para usar este producto": Brinde capacitación intensiva y soporte continuo para garantizar que el cliente se sienta seguro y capacitado desde el principio.

"No quiero hacer un compromiso a largo plazo": introduzca opciones de contrato flexibles, como contratos a corto plazo o planes de pago mensual, para reducir el riesgo y generar confianza en el cliente.

"No estoy seguro de que esta sea la prioridad correcta para mi presupuesto": Muestre cómo el producto puede generar un retorno de la inversión significativo y encajar con los objetivos estratégicos del cliente.

Estas son solo algunas sugerencias sobre cómo sortear las objeciones comunes. Cada situación de ventas es única, por lo que es esencial adaptar su enfoque en función de las necesidades, inquietudes y características individuales de cada cliente.

Las preguntas más interesantes para romper las objeciones de los clientes

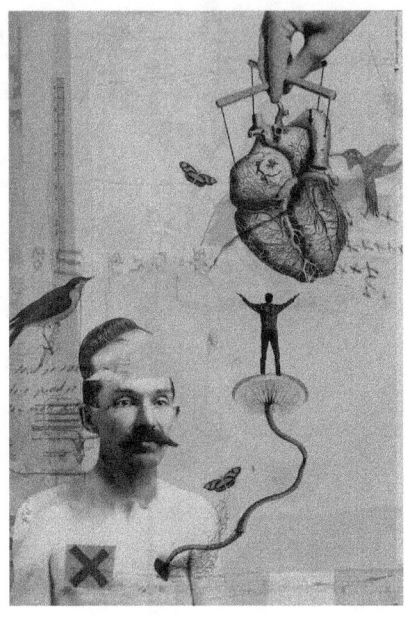

Al tratar de comprender al cliente y superar sus objeciones, hacer las preguntas correctas es lo que te da subsidios para la conversión.

Aquí hay algunas preguntas interesantes que pueden ayudar con este proceso:

¿Cuáles son los principales desafíos o problemas que enfrenta actualmente en su vida comercial/personal?

¿Cuáles son los resultados o metas que le gustaría lograr?

¿Qué es lo más importante para usted al considerar una solución a este problema?

¿Has probado alguna solución antes? ¿Qué funcionó o no funcionó?

¿Cuáles son sus expectativas de una solución ideal?

¿Qué criterios utiliza para tomar decisiones de compra?

¿Qué preocupaciones u objeciones tiene con respecto a esta solución?

¿Cómo imagina que encajaría esta solución en su entorno/estructura actual?

¿Qué plazos o limitaciones de tiempo tienes?

¿Quién más está involucrado en la toma de decisiones?

¿Cuáles son sus opiniones o preocupaciones?

¿Cómo se mide el éxito o el retorno de la inversión?

¿Qué impacto financiero espera ver con esta solución?

¿Cuáles son los riesgos que identifica al considerar esta solución?

¿Qué información o datos clave necesita para sentirse cómodo tomando una decisión?

¿Hay algo específico sobre lo que le gustaría saber más acerca de esta solución?

¿Cómo prefiere comunicarse y recibir información durante el proceso de toma de decisiones?

¿Cuál es su experiencia previa con productos/servicios similares?

¿Qué criterios utiliza para evaluar la confiabilidad de un proveedor?

¿Cuál es el impacto que está teniendo actualmente la falta de solución a este problema?

¿Qué considera una implementación exitosa de esta solución?

Estas preguntas lo ayudan a comprender mejor las necesidades, inquietudes y expectativas de sus clientes, lo que le permite ofrecer un enfoque personalizado para superar sus objeciones y encontrar una solución que satisfaga sus demandas específicas.

Recuerda escuchar atentamente las respuestas y adaptar tus estrategias en función de la información obtenida.

La técnica que usó el Lobo de Wall Street para romper las objeciones

El personaje de Jordan Belfort, retratado en la película "El lobo de Wall Street", era conocido por su habilidad para romper objeciones y cerrar tratos. Usó una técnica llamada "El sistema de persuasión de línea recta", que se basó en algunos principios clave. Es importante señalar que el personaje es una representación ficticia y que sus prácticas pueden no ser éticas ni recomendables en la vida real.

La técnica de Jordan Belfort implicó los siguientes pasos:

Establecer rapport: Comenzó construyendo una conexión con el cliente, creando un ambiente de confianza y empatía. Esto se hizo mediante elogios, escucha activa y mostrando un interés genuino.

Identificar las necesidades: Belfort hizo una serie de preguntas para comprender las necesidades, los deseos y los puntos débiles del cliente. Buscó identificar qué motivaba realmente al cliente y cuáles eran sus objeciones.

Crear una visión: el siguiente paso fue pintar una imagen vívida y convincente del futuro que el cliente podría lograr al comprar el producto o servicio. Se centró en los beneficios y resultados tangibles que el cliente podía lograr.

Rompa las objeciones: Belfort usó una combinación de técnicas de persuasión, como anticipar objeciones comunes y refutarlas con argumentos convincentes, ofrecer pruebas sociales (por ejemplo, testimonios de clientes satisfechos) y brindar seguridad para minimizar los riesgos percibidos.

Cerrar el trato: utilizó técnicas de cierre, como crear un sentido de urgencia y ofrecer incentivos especiales, para animar al cliente a tomar una decisión inmediata.

Es importante tener en cuenta que las prácticas de Jordan Belfort son controvertidas y pueden no ser éticas o apropiadas en todas las situaciones de ventas. Es fundamental actuar con integridad, respetar las necesidades y limitaciones del cliente y buscar un enfoque más ético y sostenible para superar las objeciones y cerrar tratos.

¿Por qué hay objeciones ocultas?

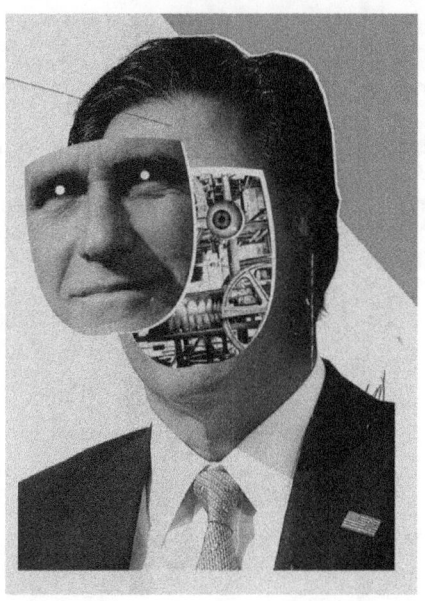

Hay objeciones ocultas porque los clientes no siempre expresan todas sus inquietudes o preguntas de forma clara y directa durante el proceso de venta. Las objeciones ocultas son pensamientos, emociones o preguntas que los clientes pueden tener pero que no se comunican explícitamente al vendedor.

Hay varias razones por las que se pueden ocultar las objeciones:

Miedo a parecer vulnerable: es posible que los clientes no quieran admitir sus preocupaciones o inseguridades, ya que esto podría exponer sus debilidades o falta de conocimiento. Pueden temer que el vendedor use esta información en su contra o los juzgue.

Desconfianza: es posible que algunos clientes no confíen completamente en el vendedor o en la empresa, lo que puede generar renuencia a compartir sus objeciones. Pueden temer ser manipulados o engañados.

Falta de claridad: los clientes pueden tener dificultades para articular sus preocupaciones con precisión o pueden no estar al tanto de todas sus objeciones. Pueden tener una vaga sensación de que algo no está del todo bien, pero no pueden precisar qué es.

Miedo al Conflicto: Algunos clientes evitan la confrontación o el debate, prefiriendo evitar las objeciones directas. Pueden creer que expresar sus objeciones podría conducir a una confrontación o una situación incómoda.

Expectativas no satisfechas: los clientes pueden tener expectativas previas que no se cumplieron durante el proceso de venta. Es posible que hayan imaginado algo diferente o escuchado algo que generó dudas en su mente, pero no compartían estas expectativas insatisfechas.

Al lidiar con las objeciones ocultas, es importante crear un ambiente de confianza y empatía, escuchar atentamente al cliente y hacer preguntas abiertas para fomentar la expresión completa de sus preocupaciones. Es esencial mostrar respeto, validar sus objeciones y proporcionar información clara y convincente para abordar cada una. Cuanto más puedan los vendedores fomentar la apertura y la transparencia, más probable es que identifiquen y superen las objeciones ocultas.

Contagio emocional: las personas responden de la misma manera

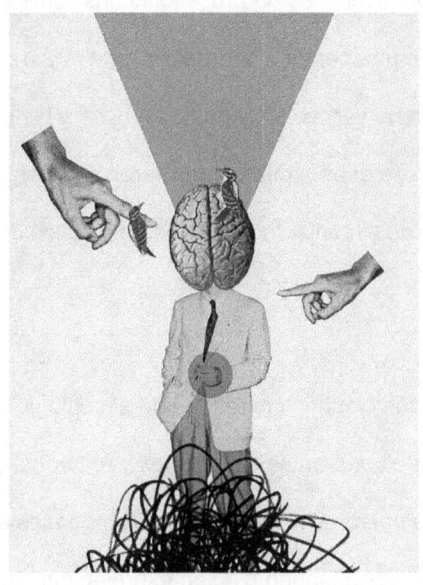

El contagio emocional es un proceso inconsciente en el que las emociones de una persona se transfieren a otra a través de la comunicación no verbal, el lenguaje corporal y las expresiones faciales. Esto se debe a que somos seres sociales y tenemos la capacidad de sintonizarnos con las emociones de los demás.

La investigación científica muestra que el contagio emocional puede ocurrir en diferentes situaciones y entornos, desde interacciones personales hasta entornos laborales e incluso en las redes sociales. Cuando alguien expresa una emoción intensa, puede contagiarse rápidamente a quienes lo rodean.

Este contagio emocional tiene implicaciones significativas para nuestras vidas, incluidas las interacciones de ventas. Si un vendedor demuestra confianza, entusiasmo y optimismo, es probable que esto se contagie al cliente, aumentando la probabilidad de una conexión positiva y una venta exitosa. Por otro lado, si un vendedor muestra inseguridad, desánimo o falta de interés, esto también puede transmitirse y afectar negativamente la interacción con el cliente.

Por lo tanto, es fundamental que los vendedores sean conscientes de sus propias emociones y del impacto que pueden tener en los demás. Al cultivar una actitud positiva y demostrar emociones que inspiran confianza y entusiasmo, es más probable que los vendedores influyan positivamente en los clientes, ayudando a crear un entorno propicio para superar las objeciones y cerrar tratos.

más allá de las palabras

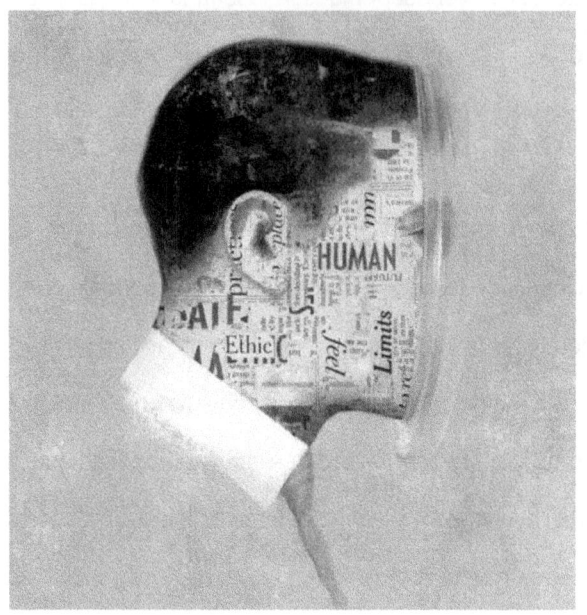

Tono de voz, inflexión, tono y velocidad. Lenguaje corporal y expresiones faciales.

La forma de vestir y su apariencia externa. Una imagen vale más que mil palabras, y estar bien vestido envía un mensaje poderoso, interna y externamente. Es por eso que incluso los vendedores internos deben vestirse con confianza.

Cuando se trata de ventas, la forma en que nos comunicamos va más allá de las palabras que elegimos. Nuestro tono de voz, inflexión, tono y velocidad son elementos cruciales para crear una conexión con los clientes y transmitir confianza y credibilidad.

Imagine un vendedor que habla en un tono de voz plano, bajo y sin emociones. Puede que esté ofreciendo un producto increíble, pero su comunicación desganada no logra despertar el interés del cliente. Ahora, piense en un vendedor que habla con entusiasmo, energía y entonación variada. Esta persona transmite pasión y convicción, cautivando la atención del cliente desde el primer momento.

Además del tono de voz, el lenguaje corporal y las expresiones faciales también juegan un papel clave en las interacciones de ventas.

Nuestra postura, gestos y expresiones faciales comunican mucho sobre nuestros sentimientos e intenciones. Un vendedor que mantiene una postura erguida, hace contacto visual y sonríe transmite confianza, apertura y receptividad. Este lenguaje corporal positivo crea una atmósfera acogedora y anima al cliente a sentirse cómodo compartiendo sus preocupaciones y objeciones.

Tampoco debemos olvidar la importancia de la apariencia externa. La forma en que nos vestimos y nos cuidamos envía un poderoso mensaje sobre quiénes somos y cómo nos valoramos a nosotros mismos. Los clientes a menudo se forman una primera impresión en función de nuestra apariencia, y esto puede influir en cómo nos perciben y confían en nosotros.

Entonces, incluso si es un vendedor interno, trabaja por teléfono o en un entorno virtual, no subestime el impacto de su apariencia. Vístase con confianza y profesionalidad, incluso si nadie está mirando. Esto afecta tu postura, tu actitud y la forma en que te presentas verbalmente. Confía en mí, los clientes pueden notar la diferencia.

Estos son los ingredientes que le ayudarán a ganarse la confianza de los clientes, superar las objeciones y lograr el éxito en las ventas.

Despertar

La parte más desafiante de pedir un deseo es aprender a pedir y luego a callar. Cuando expresas lo que quieres, lo dejas salir todo y te vuelves vulnerable a la posibilidad de rechazo. ¿Y qué sucede cuando nos sentimos vulnerables? Tratamos de protegernos.

En ese momento incómodo justo después de hacer la pregunta, tu mente comienza a dar vueltas mientras la posibilidad de rechazo pasa ante tus ojos. El breve silencio se siente insoportable, como una eternidad. En ese momento de debilidad, empiezas a hablar y hablar y hablar; tu cerebro te engaña haciéndote creer que si sigues hablando, el prospecto no podrá rechazarte.

Você levanta objeções que sequer surgiram, apresenta objeções que antes não existiam, exagera nas explicações, oferece ao seu potencial cliente uma saída e começa a falar continuamente sobre os recursos e benefícios, termos e condições, seus hobbies, seu cachorro ou até mesmo o que almorzaste.

¿Y que pasa? El cliente potencial, que estaba a punto de decir que sí, está convencido de decir que no, gracias a usted. Tu inseguridad ahuyenta al comprador.

Después de hacer la pregunta, ¡es crucial que te calles! Incluso con todas las campanas de alarma sonando en su mente llena de adrenalina, incluso con el corazón acelerado, las manos sudorosas y el miedo, debe contenerse. Muérdete la lengua, siéntate sobre tus manos, silencia el teléfono, cállate y deja que tu prospecto responda.

En ese momento de tranquilidad, le das espacio al prospecto para pensar, reflexionar y tomar una decisión. El silencio es una poderosa herramienta de ventas ya que permite que la otra persona exprese sus pensamientos y sentimientos sin interrupción. Es en este momento de tranquilidad cuando demuestra confianza y respeto por el proceso de decisión del cliente.

Así que recuerda: después de hacer la pregunta, cállate. Tome el control de su ansiedad y deje que el prospecto responda.

Este simple acto de silenciar puede marcar la diferencia a la hora de derribar objeciones y cerrar tratos.

Los cuatro tipos de objeciones que recibe en las ventas y cuándo suceden

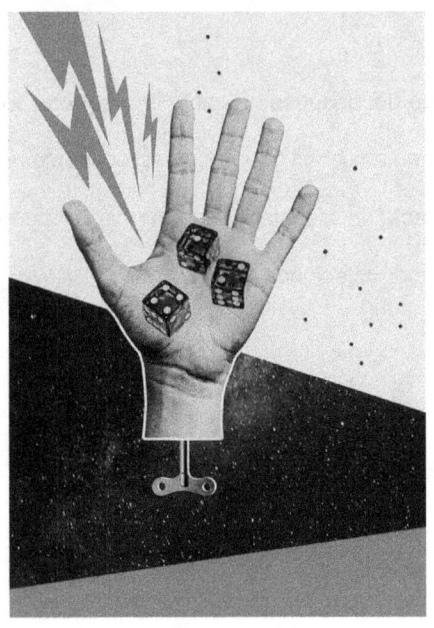

Durante el proceso de venta, es común encontrar objeciones por parte de los clientes.

Estas objeciones son inquietudes, dudas o resistencias que presentan en relación con el producto o servicio ofrecido.

Saber identificar y tratar con eficacia estas objeciones para asegurar el éxito de la venta. Hay cuatro tipos principales de objeciones que puede encontrar:

Objeciones relacionadas con el producto o servicio: Estas objeciones surgen cuando el cliente tiene inquietudes específicas con respecto al producto o servicio ofrecido. Puede ser que no esté convencido de la calidad, funcionalidad o beneficios que le brinda el producto o servicio. Estas objeciones generalmente ocurren cuando el cliente no comprende completamente cómo el producto o servicio satisface sus necesidades o resuelve sus problemas.

Objeciones relacionadas con el precio: los clientes a menudo pueden expresar objeciones con respecto al precio del producto o servicio. Pueden considerarlo demasiado alto o sentir que no están obteniendo el valor adecuado para la inversión que necesitan hacer. Estas objeciones son comunes, especialmente cuando los clientes comparan diferentes opciones y buscan la mejor relación calidad-precio.

Objeciones relacionadas con la confianza: Algunas objeciones pueden estar vinculadas a la confianza que el cliente deposita en la empresa, en el vendedor o en el propio producto o servicio. El cliente puede tener preocupaciones sobre la reputación de la empresa, la credibilidad del vendedor o incluso la seguridad de la compra. Estas objeciones surgen cuando el cliente necesita sentirse confiado y seguro antes de tomar una decisión de compra.

Objeciones relacionadas con el tiempo o la urgencia: Finalmente, las objeciones relacionadas con el tiempo o la urgencia pueden ocurrir cuando el cliente siente que no es el momento adecuado para realizar la compra. Es posible que tenga limitaciones financieras, esté esperando una mejor oportunidad o simplemente no esté listo para tomar una decisión inmediata. Estas objeciones requieren habilidades de persuasión para ayudar al cliente a comprender la importancia de actuar ahora y superar cualquier resistencia relacionada con el tiempo.

Cuando identifique qué tipo de objeción enfrenta, será más fácil orientar su enfoque en consecuencia.

Escuche atentamente las inquietudes de los clientes, demuestre empatía y presente argumentos sólidos para superar estas objeciones.

Los secretos para reducir la resistencia de sus prospectos y reducir la probabilidad de que obtenga una objeción

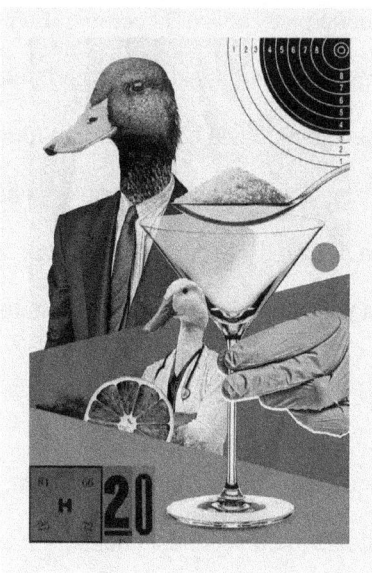

Al participar en actividades de ventas, es natural encontrar resistencia por parte de los clientes potenciales.

Sin embargo, existen estrategias efectivas que pueden ayudar a reducir esta resistencia y aumentar sus posibilidades de evitar objeciones no deseadas. Aquí te dejamos algunos secretos para que los apliques:

Investigación previa: antes de acercarse a un cliente potencial, tómese el tiempo para investigar la empresa, sus desafíos y necesidades específicos. Cuanto más sepa sobre su público objetivo, mejor equipado estará para brindar soluciones personalizadas y relevantes. Esto demuestra su interés genuino y ayuda a establecer confianza desde el principio.

Enfoque consultivo: en lugar de adoptar un enfoque de ventas agresivo, opte por un enfoque consultivo. Escuche atentamente las necesidades del prospecto y haga preguntas inteligentes para comprender sus preocupaciones y deseos.

Muéstrese como un socio que está dispuesto a ayudar y brindar soluciones adecuadas, en lugar de simplemente impulsar un producto o servicio.

Comunicación clara y persuasiva: cuando se comunique con sus prospectos, sea claro y conciso. Utilice un lenguaje claro, evitando la jerga complicada y los términos técnicos innecesarios. Resalte de manera persuasiva los beneficios de su producto o servicio, enfatizando cómo puede resolver problemas y agregar valor a la vida del cliente.

Construcción de relaciones: concéntrese en construir una relación sólida y duradera con sus prospectos. Esto se puede hacer estableciendo conexiones personales, mostrando empatía e interés genuino en sus necesidades. Recuerde que las personas tienden a comprar a personas que conocen, les agradan y en las que confían, así que tómese el tiempo para cultivar esa confianza.

Oferta personalizada: cuando presente su propuesta de valor, asegúrese de adaptarla a las necesidades específicas del cliente potencial. Muestre cómo su solución puede satisfacer sus demandas y superar sus desafíos específicos.

Demuestra que has tenido en cuenta sus preocupaciones y que les estás ofreciendo una solución personalizada.

micro compromisos

El Micro Compromiso en Ventas se refiere a pequeños pasos o acciones que se solicitan y logran a lo largo del proceso de ventas con el objetivo de avanzar en la relación con el prospecto o prospecto. Estos compromisos son solicitudes de menor envergadura, que pueden ir desde agendar una reunión, brindar información adicional, realizar una demostración de producto, participar en un webinar, entre otras acciones que demuestren el interés y voluntad del interesado de continuar con la negociación.

La idea detrás de los microcompromisos es establecer una sensación de progreso y compromiso continuo con el prospecto. Cada microcompromiso logrado representa un avance en el embudo de ventas, una oportunidad de interacción adicional y una prueba del interés y compromiso del prospecto con la solución ofrecida.

Al solicitar y obtener estos microcompromisos, el vendedor crea una relación más sólida y de confianza con el prospecto. Además, cada compromiso alcanzado aumenta la probabilidad de cerrar el trato, ya que demuestra interés e intención de avanzar en el proceso de compra.

Los microcompromisos también ayudan a mantener el impulso de la negociación, evitando que el proceso de venta se estanque o se retrase. Funcionan como pequeños pasos hacia el objetivo final, lo que permite que el vendedor establezca una relación, tome medidas específicas y continúe ganándose la confianza del prospecto.

En resumen, los microcompromisos son pequeñas acciones o pasos que los vendedores solicitan y obtienen de los prospectos a lo largo del proceso de venta. Sirven para hacer avanzar la relación, demostrar interés y compromiso, y aumentar las posibilidades de éxito en la negociación. Estos compromisos son fundamentales para mantener el flujo del proceso de ventas y hacer que el cliente potencial cierre el trato.

La técnica más sencilla y aplicable para las ventas.

OASIS. - Observar, Analizar, Afinar, Informar, Resolver

Tenga en cuenta: Tenga en cuenta las objeciones planteadas por el cliente. Escuche atentamente e identifique cuál es la preocupación o resistencia específica.

Analizar: Evaluar la objeción objetivamente. Comprenda la razón detrás de esto y profundice para obtener claridad sobre las motivaciones del cliente.

Sintonice: Sintonice con el cliente mostrando empatía y comprensión. Demuestre que valora sus preocupaciones y está dispuesto a escuchar.

Informar: Proporcionar información y evidencias relevantes que puedan ayudar a disipar las dudas del cliente. Explique los beneficios, características y soluciones que su oferta puede ofrecer.

Resolver: Ofrecer una solución personalizada para satisfacer las necesidades del cliente. Demuestre cómo su oferta puede resolver su problema o superar su objeción.

Al utilizar la técnica O.A.S.I.S., estará preparado para tratar las objeciones de una manera estructurada y eficiente. Recuerde, es importante mantener una postura respetuosa, escuchar atentamente y adaptar su enfoque a cada cliente y situación. Con la práctica y el dominio de esta técnica, estará mejor equipado para superar las objeciones y llevar a cabo una negociación exitosa.

Conclusión

Al explorar la psicología detrás de las objeciones, descubrimos un mundo fascinante de motivaciones y emociones humanas que influyen directamente en el proceso de compra. Comprender estos aspectos es fundamental para convertirse en un vendedor excepcional que sea hábil para derribar barreras y ganar clientes.

A lo largo de este viaje, aprendimos que las objeciones no son solo obstáculos a superar, sino oportunidades para profundizar la relación con el cliente. Cada objeción revela información valiosa sobre sus deseos, preocupaciones y necesidades. Ahí es donde entra en juego el poder de la escucha activa y la empatía, lo que le permite conectarse genuinamente con el cliente y comprender sus verdaderas motivaciones.

A través de las técnicas y estrategias exploradas, ha desarrollado la capacidad de hacer las preguntas correctas, descubrir objeciones ocultas y conducir la conversación de manera persuasiva. Ha aprendido la importancia del tono de voz, el lenguaje corporal y la presentación personal, reconociendo que cada aspecto de la comunicación influye en la percepción del cliente y la respuesta a las objeciones.

Además, ha descubierto el poder de los microcompromisos, comprendiendo que cada pequeño paso que se da a lo largo del proceso de ventas fortalece la relación e impulsa el progreso. Se ha convertido en un maestro en anticipar y superar objeciones, aplicando estructuras de respuesta y técnicas persuasivas para convertir las resistencias en oportunidades.

Recuerda siempre que las objeciones son normales y forman parte del proceso de venta. Son señales de interés, desafíos que te empujan a perfeccionar tus habilidades y estrategias. Al adoptar una mentalidad de aprendizaje continuo y un compromiso inquebrantable con la excelencia, estará preparado para superar cualquier objeción que se le presente.

Así que continúe explorando y profundizando su comprensión de la psicología detrás de las objeciones. Aplicar estas técnicas con ética y asertividad, buscando siempre crear valor y satisfacer las necesidades de sus clientes. Con determinación, perseverancia y comprensión de las complejidades humanas, se destacará como un profesional de ventas exitoso, capaz de convertir las objeciones en oportunidades y lograr resultados excepcionales.

Recuerde, la psicología detrás de las objeciones es una herramienta poderosa en sus manos. Ahora, es momento de ponerlo en práctica y alcanzar nuevos niveles de éxito en tus ventas. El futuro está lleno de posibilidades y usted está preparado para enfrentar cada objeción con confianza y determinación.

Sobre el Autor:

Matheus es Ex-Militar / Agente Presidencial, graduado en Marketing desde 2018 y especialista en redacción publicitaria. Ha escrito para más de 27 nichos diferentes, mostrando su capacidad de adaptación a diferentes temas y audiencias. A lo largo de su carrera, ha trabajado en grandes empresas, como la revista de negocios más grande del país y la consultoría de marketing más grande de Brasil. Contribuyó al éxito de importantes campañas, generando + 30m en ventas para sus clientes. Publicó más de 200 libros en Amazon y ganó lectores en más de 12 países diferentes. Experto en StoryTelling y UX Writing, también trabaja entre bastidores como GhostWriter, dando voz a las ideas e historias de otras personas. Su método es capaz de escribir un libro en menos de 24 horas.

Con visión estratégica y conocimientos en marketing, ayuda a empresas, autores y proyectos literarios a alcanzar el éxito. Se encontró en el mundo del marketing, la escritura y el comportamiento humano.

www.ingramcontent.com/pod-product-compliance
Lightning Source LLC
Chambersburg PA
CBHW070115230526
45472CB00004B/1271